BEI GRIN MACHT SICH IHR
WISSEN BEZAHLT

Bibliografische Information der Deutschen Nationalbibliothek:

Die Deutsche Bibliothek verzeichnet diese Publikation in der Deutschen National-bibliografie; detaillierte bibliografische Daten sind im Internet über http://dnb.d-nb.de/ abrufbar.

Impressum:

Copyright © 2019 GRIN Verlag
Druck und Bindung: Books on Demand GmbH, Norderstedt Germany
ISBN: 9783346156556

Dieses Buch bei GRIN:

https://www.grin.com/document/539269

Larissa Salzmann

Erstellung eines Beweglichkeits- und Koordinationstrainings

GRIN Verlag

GRIN - Your knowledge has value

Der GRIN Verlag publiziert seit 1998 wissenschaftliche Arbeiten von Studenten, Hochschullehrern und anderen Akademikern als eBook und gedrucktes Buch. Die Verlagswebsite www.grin.com ist die ideale Plattform zur Veröffentlichung von Hausarbeiten, Abschlussarbeiten, wissenschaftlichen Aufsätzen, Dissertationen und Fachbüchern.

Besuchen Sie uns im Internet:

http://www.grin.com/

http://www.facebook.com/grincom

http://www.twitter.com/grin_com

Deutsche Hochschule für
Prävention und Gesundheitsmanagement
Hermann Neuberger Sportschule 3
66123 Saarbrücken

Einsendeaufgabe

Fachmodul:	Trainingslehre 3
Studiengang:	BGM
Datum Präsenzphase:	02.09.2019-04.09.2019
Name, Vorname:	Salzmann, Larissa
Studienort:	Stuttgart
Semester:	WS 2017

Inhaltsverzeichnis

1   Personendaten

Zu Beginn einer Trainingsplanung, sowie zur Trainingssteuerung müssen in einer Anamnese verschiedene Parameter aufgenommen werden. Hierbei erhält der Trainer ein Bild über die aktuelle Situation, den Gesundheitsstatus und mögliche Wünsche der Person. Dies ist von großer Bedeutung, denn nur so kann gewährleistet werden, dass der Trainingsplan individuell auf die Testperson zusammengestellt wird, damit sie ihre Ziele bestmöglichst erreichen kann. Aus datenschutzrechtlichen Gründen (DSGVO), wird die Testperson im Folgenden Testperson oder Probandin genannt.

In Tabelle 1 wird eine Datensammlung der hier relevanten Daten der Testperson dargestellt, welche nachfolgend in Bezug auf ihre Trainierbarkeit und Belastbarkeit bewertet wird.

Tabelle 1 Datensammlung zur Testperson (eigene Darstellung, 2019)

Allgemeine Daten der Testperson	
Alter	25 Jahre
Geschlecht	Weiblich
Körpergröße	167 cm
Körpergewicht	65kg
Trainingsmotive	Erhalt der Beweglichkeit Ausgleich zum Gehen auf High-Heels Sicheres Gehen auf High-Heels Verbesserter Gleichgewichtssinn Ausgleich zum sitzenden Büroalltag -> Aufrechte Haltung
Berufliche Tätigkeit	Fachkraft für Lagerlogistik seit 2011 (rein sitzende Berufsbelastung)
Sportliche Aktivitäten	
Aktuelle sportliche Aktivität	Krafttraining (Hypertrophie) dreimal wöchentlich ca. 60min als Ganzkörpertraining.
Frühere sportliche Aktivität	Kunstturnen für 14 Jahre (2000-2014)
Zeitlicher Verfügungsrahmen	Dreimal pro Woche für ca. 60 min
Allgemeiner Gesundheitszustand	
Orthopädische Probleme	Weder in der Vergangenheit, noch aktuell orthopädische Probleme bekannt.
Internistische Probleme	Weder in der Vergangenheit, noch aktuell internistische Probleme bekannt.
Ärztliche Behandlungen	In keiner ärztlichen Behandlung
Einnahme von Medikamenten	Zur Heuschnupfenzeit Xusal
Sonstige gesundheitliche Einschränkungen	Allergisches Asthma auf Grund von Heuschnupfen von Mai bis Juli

Die Testperson ist eine junge Dame, welche keine gesundheitlichen Einschränkungen aufweist. Da weder internistische noch orthopädische Probleme vorhanden sind und die Probandin sich zudem in keiner ärztlichen Behandlung befindet, ist sie körperlich voll belastbar. Demnach gibt es für die nachfolgende Testung und das Training keine Kontraindikationen.

Sowohl das allergische Asthma, als auch die damit verbundene Medikamenteneinnahme von Xusal, tangieren das Training der Probandin aktuell im September in nicht.

Die früher ausgeübte Sportart Kunstturnen legt die Vermutung nahe, dass sie sowohl eine gute Beweglichkeit besitzt, als auch über eine gute koordinative Fähigkeit verfügt, welche aber durch den aktuell beruflich bedingten, rein sitzenden Alltag doch wieder eingeschränkt sein kann.

Da die Probandin an keiner gesundheitlichen Einschränkung auf Grund einer mangelnden Beweglichkeit leidet, gilt es mit dem Beweglichkeitstraining, die vorhandenen Defizite auszugleichen und die aktuelle Beweglichkeit zu verbessern.

Durch das Tragen von High Heels kann von einem Beweglichkeitsdefizit in der Wadenmuskulatur ausgegangen werden.

2   Beweglichkeitstestung

Die Testung vor dem Erstellen eines Trainingsplans, hat den Hintergrund das Beweglichkeitstraining exakt auf die Probandin mit ihren individuellen Zielen, Voraussetzungen und ihrer aktuellen Situation abstimmen zu können. Um diese Ausgangssituation zu definieren, testet man bei den fünf wichtigsten Hauptmuskelgruppen das „.. passive Bewegungsausmaß im Gelenk..." nach Janda (2000, S.253) und vergleicht die Ergebnisse der Probandin mit Referenzwerten. Daraus wird eine möglich geminderte Dehnbarkeit der Testperson zu Erkennen gebracht, worauf anschließend eine adäquate Auswahl der Dehnübungen, des Belastungsgefüges und der Dehnmethoden getroffen werden kann.

Um auf ein eventuell herrschendes Ungleichgewicht zwischen der rechten und der linken Seite zu eingehen zu können, erfolgt jeder dieser folgenden Tests bilateral.

In Tabelle 2 dargestellt werden zum einen die durchgeführten Testübungen. Zum anderen sind der Tabelle die Normwerte und die Ergebnisse der Probandin zu entnehmen.

Tabelle 2 Manuelle Beweglichkeitstestung nach Janda (2000, S.255-271) (eigene Darstellung, 2019)

Testdurchführung	Richt-/ Normwerte	Testergebnis der Probandin
Testung der Brustmuskulatur/ M. pectoralis major (Testausführung nach Janda 2000, S. 270-271)		
Die Testperson liegt in Rückenlage auf einer (Behandlungs-) Liege. Zur Fixierung des Beckens sind die Beine angewinkelt und die Fußsohlen komplett auf der Liegefläche aufgestellt. Die Schulter der zu testenden Seite liegt direkt auf der Kante, sodass der Arm dieser Seite nicht mehr auf der Liege aufliegt. Des Weiteren ist das Schultergelenk des zu testenden Arms 90° abduziert und außenrotiert. Im Ellenbogengelenk liegt eine Flexion um 90° vor. Die Handfläche zeigt nach oben. Zu Beginn wird der Thorax der Probandin, mittels eines leichten Zuges in diagonale Richtung durch die Hand des Testers von der zu testenden Seite, fixiert. Die Position des Oberarms zu der Horizontalen ist der zu messende Bereich Wichtig ist, während der gesamten Testdurchführung darauf zu achten, dass ein Abheben des Beckens und eine Hyperlordose der Probandin vermeiden wird, da dies das Messergebnis manipuliert. Gegen die Hyperlordose kann man mit der Anweisung die Bauchmuskulatur anzuspannen entgegenwirken	**Stufe 0** = Oberarm erreicht die Horizontale selbstständig unterschreitet diese mit Hilfe des Testers -> kein Beweglichkeitsdefizit **Stufe 1** = Oberarm erreicht die Horizontale nicht selbstständig, jedoch wird mit Druckhilfe des Testers erreicht -> leichtes Beweglichkeitsdefizit **Stufe 2** = Oberarm erreicht die Horizontale selbst mit Druckhilfe nicht -> deutliches Beweglichkeitsdefizit;	Rechte Seite: Stufe 0 Linke Seite: Stufe 0
Testung der Hüftbeugemuskulatur/ M. iliopsoas (Testausführung nach Janda 2000, S. 258-259)		

Die Testperson liegt in Rückenlage auf einer (Behandlungs-) Liege. Das Gesäß der Testperson schließt mit der Kante der Liege ab. Ein Bein wird selbstständig oder mit leichter Hilfe des Testers maximal angewinkelt und an den Thorax herangezogen, während das zu testende Bein locker im Überhang über den Rand der Liege hängt. Die Position des Oberschenkels zur Horizontalen (der Körperlängsachse) ist der zu messende Bereich. Dabei wird die Flexion im Hüftgelenk (=Hüftbeugewinkel) auf der Seite des freien Beins gemessen. Wichtig ist es, während der gesamten Testdurchführung darauf zu achten, dass ein Abheben des Beckens und eine Hyperlordose der Probandin vermieden wird, da dies das Messergebnis manipuliert. Diese Fixierung geschieht einmal durch den Zug am angewinkelten Bein, aber auch durch eine stabilisierendes Hand des Testers unter der Lendenwirbelsäule.	**Stufe 0** = Oberschenkel erreicht die Horizontale selbstständig oder unterschreitet diese mit Hilfe des Testers -> kein Beweglichkeitsdefizit **Stufe 1** = Oberschenkel erreicht die Horizontale nicht selbstständig, jedoch wird mit Hilfe des Testers erreicht -> leichtes Beweglichkeitsdefizit **Stufe 2** = Oberschenkel erreicht die Horizontale selbst mit Druckhilfe nicht -> deutliches Beweglichkeitsdefizit;	Rechte Seite: Stufe 0 Linke Seite: Stufe 0
Testung der Kniestreckmuskulatur/ M. rectus femoris (Testausführung nach Janda 2000, S. 258-259)		
Die Testperson liegt in Rückenlage auf einer (Behandlungs-) Liege. Das Gesäß der Testperson schließt mit der Kante der Liege ab. Das zu testende Bein hängt locker im Überhang über den Rand der Liege, während das andere Bein maximal angewinkelt an den Thorax herangezogen wird, was die Lendenwirbelsäule fixiert. In dem maximal möglichen Extensionswinkel der Hüfte wird das zu testende Bein durch den Tester fixiert. Der Bereich zwischen Ober- und Unterschenkel (=Kniebeugewinkel) ist der zu messende Bereich. Dieser wird erreicht in dem das freie Bein in eine maximal mögliche Kniebeugung gebracht wird. Wichtig ist es, während der gesamten Testdurchführung darauf zu achten, dass ein Abheben des Beckens und eine Hyperlordose der Probandin vermieden wird, da dies das Messergebnis manipuliert. Diese Fixierung geschieht einmal durch den Zug am angewinkelten Bein, aber auch durch eine stabilisierendes Hand des Testers unter der Lendenwirbelsäule. Ebenfalls sollte darauf geachtet werden, dass die Kniebeugung nicht durch die Liege behindert wird.	**Stufe 0** = Unterschenkel hängt senkrecht herab und die Kniebeugung kann mit Druckhilfe des Testers vergrößert werden -> kein Beweglichkeitsdefizit **Stufe 1** = Unterschenkel erreicht deinen Winkel von 90° mit Druckhilfe des Testers -> leichtes Beweglichkeitsdefizit **Stufe 2** = Unterschenkel erreicht deinen Winkel von 90° selbst mit Druckhilfe des Testers nicht -> deutliches Beweglichkeitsdefizit;	Rechte Seite: Stufe 0 Linke Seite: Stufe 0
Testung der Kniebeugemuskulatur Mm. Ishciocrurales (= M. biceps femoris, M. semimenbranosus, M.semitendinosus) (Testausführung nach Janda 2000, S. 261-262)		
Die Testperson liegt in Rückenlage auf einer (Behandlungs-)Liege. Das Bein, welches nicht getestet wird, ist im Hüft- und Kniegelenk gebeugt. Das zu testende Bein wird vom Tester in die maximal mögliche Flexion der Hüfte geführt. Wichtig hierbei ist, dass das Bein gestreckt und die Patella bei Fixierung frei bleibt. Gemessen wird hierbei der Hüftbeugewinkel, welcher dem Winkel zwischen Beinachse und Longitudinalachse entspricht. Wichtig ist es, während der gesamten Testdurchführung darauf zu achten, dass einige Dinge vermieden werden müssen um die Testergebnisse zu verfälschen. Diese Wären eine Hyperlordose der Lendenwirbelsäule, ein Abheben des Beckens, was eine Fixierung des Beckens und der Lendenwirbelsäule unumgänglich macht. Des Weiteren sind eine Flexion des zu testenden Beins und eine Positionsveränderung des anderen Beins zu vermeiden.	**Stufe 0** = Hüftgelenksflexion bis zu 90° wird erreicht -> kein Beweglichkeitsdefizit **Stufe 1** = eine Hüftgelenksflexion zwischen 80°-90° ist möglich -> leichtes Beweglichkeitsdefizit **Stufe 2** = eine Hüftgelenksflexion nicht mehr als 80° möglich -> deutliches Beweglichkeitsdefizit;	Rechte Seite: Stufe 1 Linke Seite: Stufe 1
Testung der Wadenmuskulatur Mm. Triceps surae (Testausführung nach Janda 2000, S. 255)		
Die Testperson liegt in Rückenlage auf einer (Behandlungs-)Liege. Gebeugt steht das nicht zu testende Bein mit dem Fuß auf der Liege. Das zu testende Bein wird ganz ausgestreckt, sodass es mit der distalen Hälfte des Unterschenkels über die Kante der Liege ragt. Der Tester fasst das Fersenbein und übt leichten distalen Zug aus. Zeitgleich übt er einen Druck auf die äußere Fußkante aus. Dadurch wird der Fuß mit dem Daumen in eine maximal mögliche Dorsalextension gedrückt. Wichtig ist es, während der gesamten Testdurchführung darauf zu achten, dass der Druck mit dem Daumen am äußeren Fußrand erfolgt, damit es nicht zu einem Anspannen des Mm. Triceps surae kommt, welches das Testergebnis verfälscht. Um eine differenzierte Testauswertung zu erreichen, kann einmal nach dem Erreichen der maximalen Dorsalextension und dem Beugen des Kniegelenks, versucht werden diese zu vergrößern. Somit wird der M. soleus isoliert betrachtet.	**Stufe 0** = Dorsalextension ist bis mindestens 0° möglich-> kein Beweglichkeitsdefizit **Stufe 1** = Dorsalextension ist möglich, jedoch werden keine 0° erreicht-> leichtes Beweglichkeitsdefizit **Stufe 2** = Dorsalextension ist nur bis 10° möglich -> deutliches Beweglichkeitsdefizit;	Rechte Seite: Stufe 1 Linke Seite: Stufe 1

5

Die Probandin erreicht in nahezu allen getesteten Muskelgruppen beidseitig den Wert 0. Sie leidet demnach an keiner nennenswerten Beweglichkeitseinschränkung. Lediglich bei den beiden Muskelgruppen Mm. ischiocrurales und M.triceps surae (beidseitig jeweils Wert 1) sind minimale Einschränkungen erkennbar.

Ein gutes Ergebnis war zu erwarten, da sie lange Zeit die Sportart Kunstturnen betrieben hat. Das gehäufte Tragen von hohen Pumps erklärt die Beweglichkeitseinschränkungen im   M. triceps surae (R. Brunner, 2006, S.709).

Außerdem führt die täglich sitzende Belastungshaltung im Job der Probandin zu dem Defizit der ischiocruralen Muskulatur, da sich die Dehnfähigkeit an die Belastungshaltung anpasst (Wiedmann et al., 1998).

3   Trainingsplanung Beweglichkeitstraining

Die folgenden Tabellen 3 stellt das Belastungsgefüge des Trainingsplans inklusive der Erklärungen dar.

Tabelle 3 Belastungsgefüge des Beweglichkeitstrainings (eigene Darstellung, 2019)

Trainingshäufigkeit	3-mal pro Woche als eigenständige Trainingseinheit.	Um regelmäßiges Dehntraining zu gewährleisten und damit einen wirksamen Reiz zu setzen, wird eine wöchentliche Anzahl von 3-5 Trainingseinheiten als optimal angesehen (Walker, 2014, S. 43). Da die Probandin als zeitlicher Verfügungsrahmen 3mal wöchentlich angegeben hat, resultiert daraus diese Trainingshäufigkeit.
Sätze pro Übung	3 Sätze Bei einseitiger Dehnung, jede Seite mit 3 Sätzen dehnen	Im Jahre 2014 legt Flicke eine empfehlenswerte Satzzahl von 2-3 Sätze beim Dehntraining fest (S.109). Die Probanden gibt in ihrem zeitlichen verfügungsrahmen 60 Minuten an. Deshalb kann eine Anzahl von 3 Sätzen pro Übung gut durchgeführt werden.
Dehndauer	30-45 Sekunden	Mindestens 10 Sekunden sollte eine Dehnung anhalten, jedoch ist eine optimale Dehndauer 30-45 Sekunden. Eine Zeit die diese übersteigt führt zu keinem nennenswerten Mehrerfolg (Walker, 2014, S. 43).
Intensität	Oberhalb der Dehngrenze. An der Dehnschwelle Sowohl maximale als auch submaximale Intensität	Um optimale Ergebnisse zu erreichen, sollen maximale Intensitäten im Trainingsprogramm angestrebt werden. Denn nach Marshall (1999, S.7) kommt es bei hohen Dehnreizen bis zum maximal tolerierbarem Dehnschmerz, zu einem effektiveren Trainingsergebnis der Bewegungsreichweite, als bei einem weichen Dehnen mit submaximaler Intensität, welches nur durchgeführt wird bis der Dehnreiz einsetzt. Durch die frühere Sportart Kunstturnen und dem aktuellen Krafttraining, sind intensive Trainingseinheiten keine Neuheit für die Probandin und können somit in den Trainingsplan integriert werden.

Aus den Testergebnissen des manuellen Beweglichkeitstests nach Janda (siehe Aufgabe 2 - leichte Defizite in den Muskeln M. ischiocrurales und M. triceps surae) und den in der Anamnese angegeben Ziele der Probandin (Erhalt der Beweglichkeit und Ausgleich zum sitzenden Büroalltag und dem Laufen auf hohen Schuhen) ergibt sich die Auswahl der Dehnübungen, welche nachfolgend in Tabelle 4 dargestellt und erläutert werden.

Für alle bilateralen Übungen des Beweglichkeitstrainings gilt, nach dem Beenden der ersten Seite wird die Zweite gemäß dem Belastungsgefüge gedehnt.

Tabelle 4 Übungen des Beweglichkeitstrainings (eigene Darstellung, 2019)

Übung	Zielmuskulatur	Dehnmethode		Durchführung
		Dehn-form	Arbeits-weise	
1	**M. triceps surae** (M. gastrocnemius & M. soleus)	Postisometrisch (=passiv-statisch)		Gestartet wird stehend, mit beiden Fußballen auf einer Stufe/ einem Step, sodass sich die Fersen in der Luft befinden. Die Knie bleiben gestreckt und die Fersen werden so weit wie möglich zum Boden abgelassen (=Dehnstellung). Diese isometrische Kontraktion für 8-10 Sekunden halten, um im Anschluss die Spannung aufzulösen und die Dehnposition bis zum leichten Dehnschmerz zu erweitern. Diese erweiterte Position wird nun für 10-20 Sekunden gehalten. Wichtig ist es, während der gesamten Ausführung die Knie gestreckt zu lassen.
2	**M. ischiocrurales** (M.semimembranosus, M.semitendinosus, M. beceps femoris)	Postisometrisch (=passiv-statisch)		Gestartet wird in Rückenlage auf dem Boden liegend. Ein Bein bleibt auf dem Boden liegen, während das Andere nach oben, in Richtung Decke gestreckt wird. Dieses Bein wird an der Wade gefasst und zum Körper hingezogen. Um die ischiocrurale Muskulatur postisometrisch zu dehnen wird nun mit dem Spielbein für ca. 8-10 Sekunden ein Druck gegen die Hände ausgeübt und anschließend für ca. 2-3 Sekunden lockergelassen. Nach Weineck ist die postisometrische Relaxation unmittelbar nach der Anspannungsphase am größten, weshalb direkt nach der maximalen Kontraktion die Dehnstellung einzunehmen ist (2004, S.362). Im Anschluss daran wird das Bein für 10-20 Sekunden noch näher zum Körper gezogen. Wichtig ist, während des gesamten Trainings darauf zu achten, dass das herangezogene Knie gestreckt, das Becken gerade und das andere Bein am Boden liegen bleibt.
3	M. latissimus dorsi M. trapezius M.deltoideus M. obliquus externus abdominis M. pectoralis major M. erector spinae	aktiv	statisch	Gestartet wird im Grätschstand mit dem Rücken die Wand berührend. Ein Bein steht überkreuzt vor dem anderen Bein. Der vordere Fuß zeigt in die spätere Neigungsrichtung und der gleichseitige Arm wird nach oben über den Kopf gestreckt. Nun wird der Oberkörper zu der Seite geneigt, in die das vordere Bein zeigt, während die Hüfte zur andere Seite schiebt, was eine Bogenspannung entstehen lässt. Wichtig ist, während der gesamten Übung darauf zu achten, dass der Kontakt zur Wand nicht verloren wird und die Hüfte keine Dreh- oder Ausweichbewegung macht. Der Vorteil dieser Dehnübung besteht darin, dass eine Dehnung mehrerer Muskeln simultan stattfindet. Walker (2014, S.56) beschreibt, dass bei dieser Übung durch das Verschränken der Arme über dem Kopf die Brustmuskulatur, die gerade Bauchmuskulatur und auch zum Teil der sekundäre Rückenmuskel gedehnt wird. Die Lateralflexion dehnt die autochthone Rückenmuskulatur. Da die Übungsausführung sehr komplex ist, wird diese mit einer statischen Arbeitsweise trainiert. Diese Übung kommt auf Grund ihrer Komplexität direkt im Anschluss an die defizitären Muskelgruppen. Zu Beginn des Trainings ist die hierfür nötige Konzentration noch hoch.
4	**Oberschenkelvordersite:** Rectus femoris	passiv	dynamisch	Gestartet wird im Schrittkniestand. Ein Knie inklusive Wadenbereich liegt am Boden und das andere Bein ist nach vorn aufgestellt. Auf eine stabile Haltung ist während der gesamten Übungsdurchführung zu achten. Deshalb kann, um das Gleichgewicht zu halten, die Hand des vorderen Beins seitlich abstützen. Nun wird mit der anderen Hand das hintere Sprunggelenk gefasst und die Ferse Richtung Gesäß gezogen. Wichtig ist, dass die Hüfte stabil bleibt und nicht nach vorne ausweicht.

5	Hals/ Nacken: M. trepecius descendens Mm. Rhomboidei	aktiv	statisch	Gestartet wird in stabiler Standposition mit leicht gegrätschten Beinen. Die Arme werden nach vorne ausgestreckt und die Handflächen mit den Fingern ineinander verschränkt. Nun werden über eine aktive Bewegung die Hände aus den Schulterblättern heraus nach vorne gezogen und der Kopf wird zudem noch nach vorne in eine Flexion geneigt. Daraus resultiert eine Depression und Protraktion der Schulterblätter. Wichtig ist, während der gesamten Übung darauf zu achten, dass der Oberkörper aufrecht bleibt. Vorbeugend gegen Nackenverspannungen, als Folgeerscheinung einseitiger Belastungshaltung in Beruf und Alltag, ist diese Übung im Trainingsplan integriert. Außerdem gewährleistet diese Übung eine gute Nacken- und Halsflexibilität (Klion & Jacobson, 2013, S.179).
6	Brustmuskulatur: M. Pectoralis major M. pectoralis minor	passiv	statisch	Gestartet wird stehend zur Wand blickend. Ein Arm auf Schulterhöhe angehoben. Der Ellbogen ist in einer 90° Flexion. Nun wird dieser Unterarm an die Wand aufgelegt und mit der Schulter, der nicht aufgelegten Seite, samt Oberkörper, eine Rotation von der Wand weg durchgeführt. Gestoppt wird die Drehung, wenn in der anliegenden Schulter eine Dehnung verspürt wird. Wichtig ist, während der gesamten Trainingsdurchführung darauf zu achten, dass die anliegende Schulter keine Ausweichbewegung nach oben ausführt.
7	M. iliopsoas	aktiv	dynamisch	Gestartet wird erneut im Schrittkniestand. Ein Knie inklusive Wadenbereich liegt am Boden und das andere Bein ist nach vorn aufgestellt. Nun wird das Becken nach vorne unten geschoben. Wichtig ist, während der gesamten Dehnübung darauf zu achten, dass die Gesäßmuskulatur angespannt, der Oberkörper aufrecht und die Hüfte nicht verdreht ist.
8	Gesäßmuskulatur: M. gluteus maximus/ medius/ minimus M. piriformes	passiv	statisch	Gestartet wird in Rücklage auf dem Boden liegend. Das Stützbein ist aufgestellt und im Kniegelenk in einer Flexion (ca. 90°). Das Spielbein ist in der Hüfte nach außen rotiert und liegt mit dem Sprunggelenk auf dem angewinkelten Oberschenkel des Stützbeins auf. Nun wird der Oberschenkel des Stützbeins mit beiden Händen umfasst und zum weiterhin am Boden liegenden Oberkörper herangezogen. Klion & Jacobson erklären, dass mit dieser Übung gegen häufig vorkommende muskuläre Dysbalancen, zwischen überentwickelten Hüftbeugern und unterentwickelten Adduktoren und Abduktoren, präventiv trainiert wird (2013, S.191). Der sitzende Job der Probandin lässt diesen überentwickelnden Hüftbeuger vermuten.
9	M. erector spinae	aktiv	statisch	Gestartet wird im Boden Vierfüßlerstand. Sowohl die Hände stützen, mit nach innen zeigende Fingerspitzen und leicht nach außen gebeugten Ellenbogen, als auch die Knie schulterbreit auf. Der Flexionswinkel in den Gelenken Hüfte und Knie beträgt ca. 90°.Der Kopf ist im Verlauf der kompletten Bewegung immer in Verlängerung der Wirbelsäule. Nun wird die antagonistische Bauchmuskulatur aktiv angespannt und die Wirbelsäule nach oben gewölbt. Wichtig ist, während der Übungsausführung darauf zu achten, dass sich nur die Wirbelsäule und nicht der Hüft- und Schulterbereich bewegt.
10	M. rectus abdominis	passiv	statisch	Gestartet wird in der Bauchlage auf dem Boden mit der Brust aufgestützten Händen. Bis eine Dehnung in der Vorderseite des Körpers zu spüren ist, wird der Oberkörper durch ein Strecken der Arme nach oben gedrückt. Wichtig ist, während der gesamten Übungsausführung den Rumpf anzuspannen, damit keine Ausweichbewegung in der Lendenwirbelsäule durchgeführt wird. Ebenfalls muss jederzeit das Becken am Boden liegen bleiben.
11	Mm. Adductores: M. adductor longus/ magnus/ breivis	Passiv	statisch	Gestartet wird kniend auf dem Boden. Die Probandin stützt sich mit den Unterarmen auf dem Boden ab. Nun werden die Knie so weit auseinandergebracht, bis ein Dehnreiz verspürt wird. Wichtig ist, dass das Becken die gesamte Zeit über den Knien bleibt.

Die Probandin wärmt sich am Anfang des Dehntrainings mit einem moderaten Warm-Up auf dem Laufergometer (inklusive Armeinsatz) auf, damit alle Muskelgruppen und das Herz-Kreislaufsystem auf das nachfolgende Trainingsprogramm vorbereitet werden.

Es wird die Empfehlung für das Beweglichkeitstraining nach Albrecht & Meyer herangezogen (2015, S.38). Diese besagt, dass neben defizitären Muskelgruppen auch jene, die keine Defizite aufweisen, trainiert werden sollen (Albrecht & Meyer, 2015, S.63). Ebenfalls empfiehlt Walker (2014, S.40) sowohl alle wichtigen Muskelgruppen, als auch deren Antagonisten in ein Beweglichkeitstraining zu integrieren. Aus diesen Empfehlungen wurden die ergänzenden Übungen ausgewählt, welche weder defizitäre Muskeln, noch Muskelgruppen die zu individuellen Wünschen gehören, trainieren.

Beide defizitäre Muskelgruppen werden zu Beginn trainiert und eine maximal mögliche Intensität angestrebt. Denn je höher der Dehnreiz, desto wirksamer ist das Dehntraining und eine größere Bewegungsreichweite wird erreicht als bei submaximaler Intensität. Sowohl Albrecht & Meyer (2015, S.42) als auch Weineck (2004, S.362) beschreiben, dass diese gewünschte maximale Intensität durch den Vorteil der postisometrischen Dehnmethode, welches eine Unterform des passiv-statischen Dehnens ist, erreicht wird. Es kann, durch die autogene Eigenhemmung des Muskels und der anschließenden Wirkung auf die Sehnenspindeln, eine erweiterte Dehnposition eingenommen werden. Direkt nach dieser Anspannung herrscht, durch eine verminderte Muskelaktivität, weniger Gegenspannung für eine Dehnung.

Ein weiterer Grund für das postisometrische Dehnen des M. triceps surae ist das Spannungsgefühl in der Wade, was die Probandin nach langer Zeit auf High Heels bemerkt.

Mit dieser Methode wird bewusster die An- bzw. Entspannung zu gespürt, erlernen und somit die Körperwahrnehmung verbessert. Denn der Vorteil dieser Anspannungs-Entspannungs-Dehntechnik liegt darin, dass besser empfunden wird wo im Körper Dehnung und Entspannung stattfinden (Albrecht & Meyer, 2015, S.42).

Nach Weineck spielt es keine Rolle, um welche Dehnmethode es sich handelt, aktiv oder passiv (=Dehnform), dynamisch oder statisch (=Arbeitsweise). Bei kontrollierter, korrekter Ausführung, kommt es immer zu einer Verbesserung der Dehnfähigkeit (2004, S.323).

Deshalb sind alle Dehnformen mit beiden Arbeitsweisen kombiniert im Trainingsplan der Probandin enthalten. Dieser Methodenpluralismus gewährleistet die Abwechslung im Dehntraining und lässt keine Langeweile aufkommen.

Die aktive Dehnform wird nach Weineck (2004, S.324) als eine Dehnung durch eine aktive Kontraktion des antagonistischen Muskels definiert. Dieser Antagonist wird dadurch mit gekräftigt. Bei der passiven Dehnung wird unter zu Hilfenahme eines Gegenstandes, der Schwerkraft oder eines anderen Muskels, welcher nicht antagonistisch arbeitet, die Dehnposition eingenommen.

In diesem Trainingsplan werden die Übungen, welche einfach und ohne große Ausweichbewegungen praktiziert werden können aktiv durchgeführt. Jene Muskelgruppen, welche anspruchsvoller in der Durchführung sind, werden hier passiv gedehnt. Lediglich Übung 3, einer ebenfalls sehr komplexen Dehnung wird aktiv durchgeführt. Deshalb ist das Anlehnen an der Wand wichtig, um während der Dehnung einen sicheren Stand zu gewährleisten.

Albrecht & Meyer definieren das statische Dehnen als eine Bewegung, die langsam und kontrolliert durchgeführt wird und ohne Nachfedern in der Position, in welcher ein leichtes Ziehen spürbar ist, eine Zeitlang gehalten wird (2015, S.40.). Entgegengesetzt dem statischen Dehnen, werden bei der dynamischen Arbeitsweise am Bewegungsende, kleine geführte, rhythmische Bewegungen durchgeführt (Albrecht & Meyer, 2015, S.42).

Die Ziele der Probandin sind ihre Beweglichkeit zu verbessern und zu erhalten, was durch eine maximale Bewegungsamplitude erzielt wird. Deshalb trainiert sie primär mit statischer Arbeitsweise, denn bei dynamischem Training des Muskels wird vermehrt die Durchblutung angeregt, was prozentuell mehr regenerative Prozesse auslöst, als beim statischen Dehnen. Weitere Nachteile des dynamischen Dehnens liegen in der kurzen Reizdauer und dem damit einhergehenden geringen Reizumfang. Hier wird die Dehnstellung nur sehr kurz eingenommen. Der nötige Reiz auf die Strukturen des Bindegewebes, welche für die Längenanpassung zuständig sind, ist in seiner Dauer zu kurz.

Auch ist beim statischen Dehnen ist die Verletzungsgefahr gegenüber dem dynamischen Dehnen durch ein langsames, kontrolliertes Einnehmen der Dehnstellung minimiert (Klee, 2003). Lediglich zwei Übungen werden aus den oben genannten Abwechslungsgründen dynamisch gedehnt. Ausgewählt wurden hierfür zwei Muskelgruppen, welche sowohl im Test keine Defizite aufweisen als auch zu keinen der, in der Anamnese angegebenen, Wünsche der Probandin passen. Somit steht der Beweglichkeitserhalt dieser Muskeln im Vordergrund. Das kurze Einnehmen der maximalen Dehnstellung ist ausreichend um den Mechanorezeptoren das Bewegungsende, durch ein maximales Bewegungsausmaß, zu signalisieren. Selbst ein kurzzeitiger Stimulus genügt um die Beweglichkeit zu erhalten (Albrecht, Meyer, Zahner, 1999, S.22).

Ein Trainingsziel der Probandin ist es, einen Ausgleich zum Büroalltag zu schaffen. Ihr Wunsch ist es, aufrecht zu bleiben und nicht in eine protraktorische Haltung zu verfallen. Cordoza & Starrett (2016, S.36) beschreiben, dass dafür der M. pectoralis major und der Piriformis, welche für die Neutralstellung der Wirbelsäule zuständig sind, im Trainingsplan sein müssen. Beim Sitzen ist die Hüfte permanent gebeugt und die Beine sind dem Oberkörper mit nach vorne fallenden Schultern angenähert. Durch diese ständig anhaltende Position wird das Becken nach vorne gezogen. Als Kompensation dieser Belastung folgt daraus eine Hyperlordose der Lendenwirbelsäule.

4 Trainingsplan Koordinationstraining

Dargestellt in dieser Aufgabe wird ein Koordinationstraining im Sinne eines Gleichgewichtstrainings für die Probandin. Der Fokus auf diese motorische Fähigkeit wurde gelegt, da sie eine zentrale Rolle bei der Lösung verschiedener Bewegungshandlungen spielt. Besteht keine Kontrolle mehr über das Gleichgewicht, ist der Körper in einer bedrohlichen Situation (Neumaier, 2016, S.48).

Alltägliche Bewegungsaufgaben können nur im Zusammenhang mit einer guten Gleichgewichtskontrolle optimal ausgeführt werden (Neumaier, 2016, S.101). Die Testperson soll durch dieses, im Koordinationstraining verbesserte Gleichgewicht, im Alltag, Training und ihrem Wunsch nach, auf hohen Schuhen, koordinativ besser agieren können.

Nach Ganz & Jahnke (1996, S.13) entsteht die Gleichgewichtsfähigkeit des Körpers durch ein Zusammenspielen von Vestibularorgan, der visuellen Raumorientierung und dem propriozeptiven System. All diese Faktoren werden im folgenden Trainingsplan geschult. Besonders eingegangen wird auf das propriozeptive Training. Dieses ist bei allen Bewegungen wichtig, bei denen eine bewusste Anspannung der Muskeln nicht mehr ausreichend ist um die Balance zu halten (Häfelinger & Schuba, 2010, S. 76).

Trainiert werden mit dem propriozeptiven Training die Körperwahrnehmung und -stabilität sowie die Tiefensensibilität. Ebenfalls wird eine Verbesserung der reflektorischen Muskelaktivität und eine optimale Stabilisierung physiologischer Gelenkstellungen angestrebt (Häfelinger & Schuba, 2013, S.27).

Die Probandin soll durch das Koordinationstraining für Sport und Alltag besser vorbereitet sein. Dazu geschieht durch das Erfassen der Bewegungsaufgabe und dem Entwerfen einer dazu passenden Bewegungsabfolge im Zentralnervensystem. Weiterhin wird eine Anpassung auf der Ebene des Rückenmarks gefolgt von einer optimalen intra- und intermuskulären Koordination erzielt. Um anschließend mit einem angemessenen Krafteinsatz zeitlich und räumlich präzise diese Bewegungsabfolge auszuführen und durch eine Rückinformation die Bewegungskontrolle zu bewahren (Neumaier, 2016, S.53 & 75).

Die Folgende Tabelle 5 zeigt und erläutert das Belastungsgefüge des Koordinationstrainings der Probandin.

Tabelle 5 Belastungsgefüge des Koordinationstrainings (eigene Darstellung, 2019)

Trainingshäufigkeit	3x pro Woche vor dem Krafttraining	Jansenberger (2011, S. 75) legt dreimaliges Koordinationstraining pro Woche als eine gute Anzahl fest. Da die Probandin ebenfalls angibt dreimal pro Woche dafür Zeit zu haben, wird dies auch für die wöchentliche Anzahl der Trainingshäufigkeit verwendet.
Sätze	3 Sätze pro Übung	Trainingswissenschaftlich werden pro Übung 1-3 Sätze empfohlen. Die Effektivität der Trainingsübung steigt leicht mit der Anzahl der Durchgänge (Kunert, 2014, S.25). Um somit die größtmöglichen Effekte zu erzielen werden hier 3 Sätze trainiert. Dies ist gut möglich, da die Probandin keine Trainingsanfängerin ist.
Belastungsdauer statisch	Halten der Belastungsdauer 15 Sekunden	Statische Koordinationsübungen werden mit einer Spannungsdauer zwischen 5 und 15 Sekunden als optimal angesehen (Häfelinger & Schuba, 2013, S.100-101). Für die Probandin werden 15 Sekunden gewählt.
Belastungsdauer dynamisch	10 Wiederholungen	Die Wiederholungszahl der dynamischen Belastung wird auf 20 Wiederholungen (10 je Seite) festgelegt, denn Häfelinger & Schuba legen als optimale Wiederholungszahl 5-30 fest. Vorzeitige Abbruchkriterien sind Schmerzen, Unwohlsein, Ermüdung oder Konzentrationsabfall (2013, S.87). Das Koordinationstraining soll mindestens 5-20 Minuten dauern (Häfelinger & Schuba, 2013, S.86). Dieser Gesamtumfang passt in die angegebenen 60 Minuten der Probandin.
Pause	60 Sekunden dynamisch	Nach Häfelinger und Schuba, liegt die empfohlene Pausendauer der dynamischen Pause, um die Muskulatur zu lockern, zwischen 10 Sekunden und 2 Minuten je nach der Übungsintensität (2013, S.100-101). Um eine einheitliche Pausendauer für die Probandin festzulegen werden hier 60 Sekunden gewählt.

Chwilkowski definiert 2006 (S.60 ff.) einen weiteren Grundsatz für das Belastungsgefüge. Wiederholungs- und Satzzahl sollen so gewählt werden, dass die Probandin stark gefordert wird, jedoch noch genug Reserven hat, um das nachfolgende Krafttraining gut absolvieren zu können. Dies führt sie unmittelbar nach dem Koordinationstraining durch, welches dreimal wöchentlich stattfindet.

Lediglich ein kurzes Warm-Up geht dem Koordinationstraining voraus. Denn nach Häfelinger & Schuba gelten einige Grundsätze für das propriozeptive Training. Diese besagen, dass das Training stets in ausgeruhtem Zustand durchgeführt werden soll, denn eine gute Konzentration bietet den Grundstein um das Gleichgewicht und die Balance zu halten (2013, S.92).

Das in der nachfolgenden Tabelle 7 dargestellte und näher erläuterte Koordinationstraining beinhaltet koordinativ anspruchsvolle Übungen für Fortgeschrittene. Die Probandin ist diesem Anspruch durch komplexe Krafttrainingsübungen und dem früheren Sport Kunstturnen gewachsen.

Tabelle 6 Trainingsplan des Koordinationstrainings (eigene Darstellung, 2019)

	Hilfsmittel	1) Erschwerende Druckbedingung 2) Kombination mit anderen koordinativen Fähigkeiten
	Übung 1	
Kurzer Fuß nach Janda	Keine	1) Keine 2) Keine
	Durchführung: Barfuß werden die Füße flach auf den Boden gestellt. Belastet werden hierbei die drei Punkte Ferse, Kleinzehballen & Großzehballen. Nun wird der Fußballen in Richtung Ferse gezogen ohne dabei mit den Zehen den Boden zu krallen. Im besten Fall soll ein Fußgewölbe entstehen. Dieses kurz halten	
Übungsblock 1: Zehenspitzen-stand	Übung 2	
	Keine	1) Keine 2) Keine
	Durchführung: Die Probandin startet mit einem Bein vor dem Anderen. Die Ferse des vorderen Beins schließt mit den Zehen des Hinteren ab. Nun geht die Testperson mit beiden Füßen so hoch wie möglich in den Zehenspitzenstand und verlagert 80% des Körpergewichts auf das vordere Bein. Jetzt ist die Aufgabe diese Position zu halten und dabei das belastete Sprunggelenk so ruhig wie möglich zu halten.	
	Übung 3	
	Keine	1) Zeitdruck 2) Rhythmisierungsfähigkeit
	Durchführung: Ausgangspunkt ist erneut der nach vorne gelagerte Zehenspitzenstand. Nun ist das Ziel entgegengesetzte Armkreise so schnell und so dynamisch und rhythmisch wie möglich durchzuführen. Startposition beider Arme ist gestreckt über dem Kopf. Ein Arm fällt nach vorne, der Andere nach hinten unten. Oben treffen sich beide Hände wieder. Gezählt und dokumentiert werden, wie viele Kreise in der 30 Sekunden geschafft werden.	
	Übung 4	
	Tennisball	1) Komplexitätsdruck, Organisationsdruck 2) Rhythmisierungsfähigkeit, Anpassungs- und Umstellungsfähigkeit
	Durchführung: In der dritten Übung dieses Blocks steht die Probandin wieder im nach vorne verlagerten Zehenspitzenstand. In dieser Position muss sie nun erneut die Arme entgegengesetzt so dynamisch und rhythmisch wie möglich kreisen. Jedes Mal, wenn beide Hände oben angekommen sind, muss ein Tennisball gefangen und wieder zum Trainer, welcher sich um die Probandin bewegt, zurückgeworfen werden.	
Übungsblock 2: Standwage	Übung 5	
	Keine	1) Keine 2) Keine
	Durchführung: Gestartet wird im Einbeinstand auf dem rechten Fuß. Während der gesamten Bewegung bleibt dieses leicht gebeugt. Das linke Bein bleibt in Verlängerung zur Wirbelsäule. Die Arme sind neben dem Körper ausgestreckt. Der Oberkörper wird nun nach vorne abgesenkt. Gleichzeitig geht das linke Bein mit nach oben, sodass es weiterhin die Verlängerung der Wirbelsäule bildet. Befinden sich Oberkörper und Bein in der Horizontalen, ist die Endposition erreicht. Nach vier durchgeführten Standwagen wird das Standbein gewechselt. Wichtig ist, darauf zu achten, dass der Rumpf permanent unter Spannung und das Becken parallel zum Boden steht.	
	Übung 6	
	Keine	1) Komplexitätsdruck 2) Keine
	Durchführung: Gestartet wird wie in der Übung zuvor. Erschwerend kommt hier dazu, dass die Probandin, in der Endposition der Standwage eine Oberkörperrotation durchführt. Mit dem linken Arm geht die Probandin nun in Richtung des Standbeins und der rechte Arm zeigt dabei nach oben. Der Blick folgt der rechten Hand. Anschließend kommt der Oberkörper wieder in die Standwage und es wird in die andere Seite rotiert.	
	Übung 7	
	Keine	1) Präzisionsdruck, Zeitdruck 2) Differenzierungs- und Steuerungsfähigkeit, Kombinations- und Kopplungsfähigkeit
	Durchführung: Bei dieser Variante wird beidbeinig gestartet. Auf ein Klatschen des Trainers soll die Probandin die Standwage mit dem linken Bein als Standbein durchführen. Bei einem Pfiff mit dem Rechten. Die Standwage muss so schnell wie mögliche erreicht werden. Wird hier einmal gepfiffen, muss ein Tennisball mit der rechten Hand, in einem vorher auf dem Boden markierten Quadrat, welches sich in Verlängerung zur Brust befindet, geprellt werden. Bei zwei schnellen Pfiffen dieses Prellen mit der linken Hand durchführen und bei drei Pfiffen die Hände abwechselnd zum Prellen benutzen.	

13

Übungsblock 3:	Übung 8		
Kniebeugen auf	Balance-Board	1)	Keine
		2)	Keine
dem Balance-	Durchführung: Gestartet wird im hüftbreiten Stand und mit nach vorne ausgestreckten Armen auf		
Board	einem Balance-Board (=Ausgangsposition). Nun wird eine Kniebeuge mit möglichst großer Bewe-		
	gungsamplitude durchgeführt. Während der gesamten Bewegung soll darauf geachtet werden, so		
	wenig wie möglich auf dem Balance-Board zu wackeln.		
	Übung 9		
	Balance-Board	1)	Belastungsdruck
	Platz zum Laufen	2)	Keine
	Durchführung: Durchgeführt werden wie Übung 2.1 die Kniebeugen auf dem Balance-Board.		
	Vorab muss die Probandin 3 Runden im Raum laufen, was ca. 400m entspricht.		
	Balance-Board	1)	Variabilitätsdruck, Zeitdruck
	Tennisball	2)	Reaktionsfähigkeit, Anpassungs- und Umstellungsfähigkeit
	Übung 10		
	Gestartet wird erneut in der Ausgangsposition, dieses Mal aber mit geschlossenen Augen. Nun		
	wird ebenfalls eine Kniebeuge durchgeführt. Auf einen Pfiff des Trainers werden die Augen geöff-		
	net und die Probandin muss in der Position, in der sie sich aktuell befindet, einen ihr zugespielten		
	Tennisball fangen.		

Durch den Trainingsplan zielen sich hier die didaktischen Prinzipien. Diese sind vom Bekanntem zum Unbekanntem, von Einfachen zu Komplex, von Leichten zu Schweren Übungen, vom langsamen zum schnellen und von Statischen zu dynamischen Bewegungen aufgebaut (Chwilkowski, 2006, S.56-58).

Mit der ersten Übung, dem „kurzen Fuß nach Janda" werden das Fußgewölbe durch positive Effekte auf die Stellung der Beinachse gestärkt und die Körperwahrnehmung in diesem Bereich geschult (Cordoza, Starrett & Starrett, 2016, S. 90-93).

Alle weiteren, in drei Blöcke aufgeteilte Übungen haben jeweils eine Grundposition und werden durch variable Druckbedingungen und Kombinationen mit anderen koordinativen Fähigkeiten verändert. Somit wird die Probandin mit jeder anderen Übung vor eine neue Herausforderung gestellt (Neumair & Melching, 1994).

Die ersten vier Übungen werden im Stand mit aufrechtem Oberkörper durchgeführt. Erschwerend in Übungen 5-7 kommt mit der Orientierungsfähigkeit eine weitere koordinative Fähigkeit dazu. Durch das nach vorne Lehnen in die Standwage muss sie ihre neue Lage im Raum aktiv wahrnehmen und sich darauf einstellen. Bei den Übungen 8-10 wird der Untergrund mittels des Balance-Boards verändert. Hier muss sich die Testperson auf die Veränderung der Untergrundsituation einstellen und die vorgeschriebene Bewegung trotz der veränderten Situationsbedingung so gut wie möglich durchführen. Diese Übungen schulen die Anpassungs- und Umstellungsfähigkeit.

5 Literaturrecherche

In der folgenden Tabelle 7 werden zwei Studien zum Thema „Effekte des Dehnens im Hinblick auf eine Verbesserung der sportlichen Leistungsfähigkeit" dargestellt.

Tabelle 7 Literaturrecherche zum Thema „Effekte des Dehnens im Hinblick auf eine Verbesserung der sportlichen Leistungsfähigkeit" (Eigene Darstellung, 2019)

Studie 2	Studie 1
„Veränderung der Reaktionszeit und Explosivkraftentfaltung nach einem passiven Stretchingprogramm und 10minütigem Aufwärmen"	„Muskeldehnung zur Leistungsverbesserung im Sprint"
Wer hat die Studie durchgeführt?	
Dieter Rosenbaum und E. M. Henning führten diese Studie durch.	Die Studie haben Klaus Wiedemann und Andreas Klee durchgeführt.
In welchem Jahr wurde die Studien publiziert?	
Publiziert wurde diese Studie im Jahr 1997.	1993 wurde diese Studie publiziert
Welche Forschungsfrage wurde untersucht?	
Welche sportvorbereitenden Übungen haben eine Auswirkung auf die Leistungsverbesserung?	Kann das Realisieren eines Dehnungsprogrammes für die leistungsbestimmenden Muskeln beim Sprint unmittelbar vor dem Spring die Leistung beeinflussen?
Mit welchen Versuchspersonen wurden die Studien durchgeführt?	
Mit 55 männlichen Sportstudenten (Universität Essen) wurde diese Studie durchgeführt Die Probanden waren alle Mitglieder lokaler Sportvereine. Im Schnitt 25,3 Jahre alt, 181,9 cm groß und 747,5 N schwer (Rosenbaum & Henning, 1997, S. 96).	Der Versuch wurde mit 32 männlichen Sportstudenten (Universität Wuppertal) durchgeführt (Wiedmann & Klee, 1993, S.2).
Wie sah der Versuchsaufbau der Studien aus?	
Im Labor wurden unterzogen sich die Probanden, welche sich vorab nicht körperliche betätigt hatten, drei Messungen unter verschiedenen Bedingungen. 1) Im unvorbereiteten Zustand 2) Nach dem Stretching 3) Nach 10 Minuten Aufwärmen auf einem Laufband Gemessen wird jeweils die Leistungsfähigkeit der rechten Wadenmuskulatur. Dies wurde über eine mechanische Vorrichtung gemacht, welche unter kontrollierten und reproduzierbaren Bedingungen, die Plantarreflexionskraft misst. Hierbei mussten die Probanden auf ein akustisches Signal ihr Fußgelenk so schnell wie möglich strecken und wieder entspannen. Des Weiteren wurde die Drehbewegung im Sprunggelenk bei dieser Messung ermittelt Bei jeder Messung wurde die Wadenmuskulatur 3 Minuten gedehnt (Zwei Übungen, drei Mal für 30 Sekunden). Diese Messung wurde im Anschluss wiederholt. Darauffolgend wurde sich 10 Minuten auf eigens gewählter, langsamer Geschwindigkeit auf einem Laufband aufgewärmt. Nach dem Laufen erfolgte die dritte Messung. Bei jeder Messung wurde auch die Körpertemperatur ermittelt (Rosenbaum & Henning, 1997, S.96).	Begonnen wird mit einem Aufwärmprogramm, welches 15 min dauerte und kein Dehnübungen beinhaltete. Daraufhin folgt der Vortest (durchgeführt in der Halle), welcher aus zwei Kurzsprints aus dem Stand, im Abstand von 5min besteht. Am Ende der Sprintstrecke stand den Probanden Auslaufzone zur Verfügung, welche 15m lang war. Durch Infrarotoppellichtschranken an der 5m- und an der 40m Marke werden die Zeiten der Vortests digital auf 1/1000s genau gemessen. Im Anschluss an den Vortest, führten die Probanden, aufgeteilt in 2 Dehngruppen und eine Kontrollgruppe ein 15-minütiges Programm durch (Wiedmann & Klee, 1993, S.2.) Die Gruppen welche die Dehnübungen durchführten, taten dies nach der „Antagonisten-Kontraktions-Methode" mit teilweiser Unterstützung eines Partners (Wiedmann & Klee, 1993, S.1). 1) Dehnung der Hüftbeugemuskulatur (3 Dehnübungen) 2) Dehnung der Hüftstreckmuskulatur (3 Dehnübungen) 3) Leichter Dauerlauf (Kontrollgruppe) Direkt nach diesem Programm wurden als Nachtest, welcher unter den gleichen Bedingungen ablief, wieder zwei Sprints absolviert (Wiedmann & Klee, 1993, S.2).
Welche relevanten Ergebnisse und Schlussfolgerungen lieferten die Studien?	
Um 1,7° erhöhte sich die Körpertemperatur nach dem Aufwärmungslauf, wohingegen nach dem reinen Stretching keine Erhöhung zu messen war. Die meisten Messparameter, welche gemessen wurden, wiesen nach der warmlaufen verbesserten Werter zur ersten und zweiten Messung auf. (Rosenbaum & Henning, 1997, S.97) Dadurch lässt sich erkennen, dass reines Stretchen keine positiven Auswirkungen auf die Leistung der Wadenmuskulatur hat. Deshalb sollte, um eine Leistungssteigerung zu erzielen, dies immer mit einem Aufwärmprogramm kombiniert werden (Rosenbaum & Henning, 1997, S.98).	Aus dieser Studie kam heraus, dass sich die Sprintzeit des Nachtests, in allen drei Gruppen, im Vergleich zum Vortest erhöht hatten, was eine geringere Sprintgeschwindigkeit bedeutet. Betrachtet man die Minimalzeit beider Läufe der Dehn-Gruppen, verschlechterte sich die Zeit des Vortests zum Nachtests (um 0,14 s). Die Minimalzeit der Kontrollgruppe blieb unverändert. Vergleicht man die ersten Läufe aller Gruppen ergeben sich schlechtere Zeiten im Nachtest. Dahingegen verschlechterte sich im zweiten Lauf lediglich die Sprintzeit der der Dehn-Gruppen (Wiedmann & Klee, 1993, S.3).

	Im Verlauf vom ersten Vortestsprint bis zum letzten Nachtestsprint lässt sich Folgender verlauf erkennen. 1) Vortestlauf 1 – Vortestlauf 2: Höhere Sprintzeit in allen drei Gruppen 2) Vortestlauf 2 – Nachtestlauf 1: Höhere Sprintzeit der Gruppen die eine Dehnbehandlung erhielten. Keine Änderung der Sprintzeit der Kontrollgruppe 3) Nachtestlauf 1- Nachtestlauf 2: Geringere Sprintzeiten der beiden Dehn-Gruppen. Keine Änderung der Sprintzeit der Kontrollgruppe (Wiedmann & Klee, 1993, S.4). Die schlechtere Sprintleistung wird hier dem Dehnprogramm zugeschrieben, denn nur die Gruppen welche ein solches erhielten verschlechterten sich in ihren Sprintzeiten (Wiedmann & Klee, 1993, S.6)

6   Literaturverzeichnis

Albrecht, K. & Meyer, S. (2015). *Stretching und Beweglichkeit. Das neue Expertenhandbuch* (3., überarbeitete Aufl.). Stuttgart: Karl F. Haug.

Albrecht, K. Mayer, S. Zahner, L. (1999). *Stretching. Das Expertenhandbuch. Grundla
gen für Trainer und Sportler*. Heidelberg: Haug.

Brunner, R. (2006). Grundsätzliches zu den neuromuskulären Erkrankungen. In
Hefti, F. (Hrsg.) *Kinderorthopädie in der Praxis* (S.709-719). Berlin, Heidelberg: Sprin-
ger. Zugriff am 13.09.2019. Verfügbar unter https://link.springer.com/chap-
ter/10.1007%2F3-540-34400-4_99

Chwilkowski, C. (2006). *Medizinisches Koordinationstraining – Verbesserung der Hal-
tungs- und Bewegungskoordination durch Propriozeption* (2. Aufl.). Köln: Deutscher Trainer Verlag.

Cordoza, G. & Starrett, K. (2016). *Werde ein geschmeidiger Leopard – Die sportliche
Leistung verbessern, Verletzungen vermeiden und Schmerzen lindern* (2. Aufl.). München:
riva Verlag.

Cordoza, G., Starrett, K. & Starrett, J. (2016). *Sitzen ist das neue Rauchen –Das Trainingsprogramm, um Haltungsschäden vorzubeugen und unsere natürliche Mobilität zu-
rückzugewinnen*. (1. Aufl.). München: riva Verlag.

Flicke, T. (2014). *Sport & Fitness. Sportfachlich beraten und betreuen*. Berlin: Cornelsen.

Ganz, H. & Jahnke, V. (1996). *Hals-Nasen-Ohren-Heilkunde*. Berlin: Walter de
Gruyter.

Häfelinger, U. & Schuba, V. (2010). *Koordinationstherapie: propriozeptives Training*
(5 Ausg.). AAchen: Meyer & Meyer.

Janda, V. (2000). *Manuelle Muskelfunktionsdiagnostik* (4 Aufl.). München: Urban &
Fischer.

Jansenberger, H. (2011). *Sturzprävention in Therapie und Training*. Stuttgart: Thieme.

Klee, Andreas. (2003). *Methoden und Wirkungen des Dehnungstrainings*. Schorndorf:
Hoffmann.

Klion, M. & Jacobson, T. (2013). *Triathlon Anatomie- Der vollständig Ilustrierte Ratgeber für eine bessere Mehrkampfperformance*. München: Corpres.

Kunert, C. (2014). *Koordination und Gleichgewicht*. (2., neu überarb. und erweit. Aufl.). Wiebelsheim: Limpert.

Marschall, F. (1999). Wie beeinflussen unterschiedliche Dehnintensitäten kurzfristig die Veränderung der Bewegungsreichweite? *Deutsche Zeitschrift für Sportmedizin, 50* (1), 5-9. Augsburg: Dynamic Media Sales. Zugriff am 09.09.2019. Verfügbar unter: http://circuit-training-dehnen-dr-klee.de/dokumente/Marschall%20(1999).pdf

Neumaier, A. (2016). *Koordinatives Anforderungsprofil und Koordinationstraining: Grundlagen, Analyse, Methodik. Training der Bewegungskoordination. Band 1* (5., korr. Aufl.). Köln: Sportverlag Strauß.

Neumaier, A. & Mechling, H. (1994). Taugt das Konzept „koordinativer Fähigkeiten" als Grundlage für sportartspezifisches Koordinationstraining? In P. Blaser, K. Witte & C. Stuck (Hrsg.), *Steuer- und Regelvorgänge der menschlichen Motorik* (S. 93-105). Sankt Augustin: Academia.

Rosenbaum, D. & Hennig E. M. (1997). Veränderung der Reaktionszeit und Explosivkraftentfaltung nach einem passiven Stretchingprogramm und 10minütigem Aufwärmen. *Deutsche Zeitschrift für Sportmedizin* Zugriff, 48 (3), 95-99 am 11.09.2019. Verfügbar unter: https://www.germanjournalsportsmedicine.com/fileadmin/content/archiv1997/Heft03/1997_03_LEISTUNG%20NACH%20STRETCHING.pdf

Walker, B. (2014). *Anatomie des Stretchings – Mit der richtigen Dehnung zu mehr Beweglichkeit*. (1. erweit. und überarb. Auflage). München: riva

Weineck, J. (2004). *Sportbiologie* (4 Ausg.). Balingen: Spitta.

Wiemann, K. & Klee, A., (1993). Muskeldehnung zur Leistungsverbesserung im Sprint. *Bundesinstitut für Sportwissenschaft* (Hrsg.), *Sportwissenschaftliche Forschungsprojekte* (S.445). Köln: Selbstverlag. Zugriff am 11.09.2019. Verfügbar unter: www.biowiss-sport.de/wp-content/uploads/2015/02/despri.pdf

7 Abbildungs- und Tabellenverzeichnis

7.1 Tabellenverzeichnis